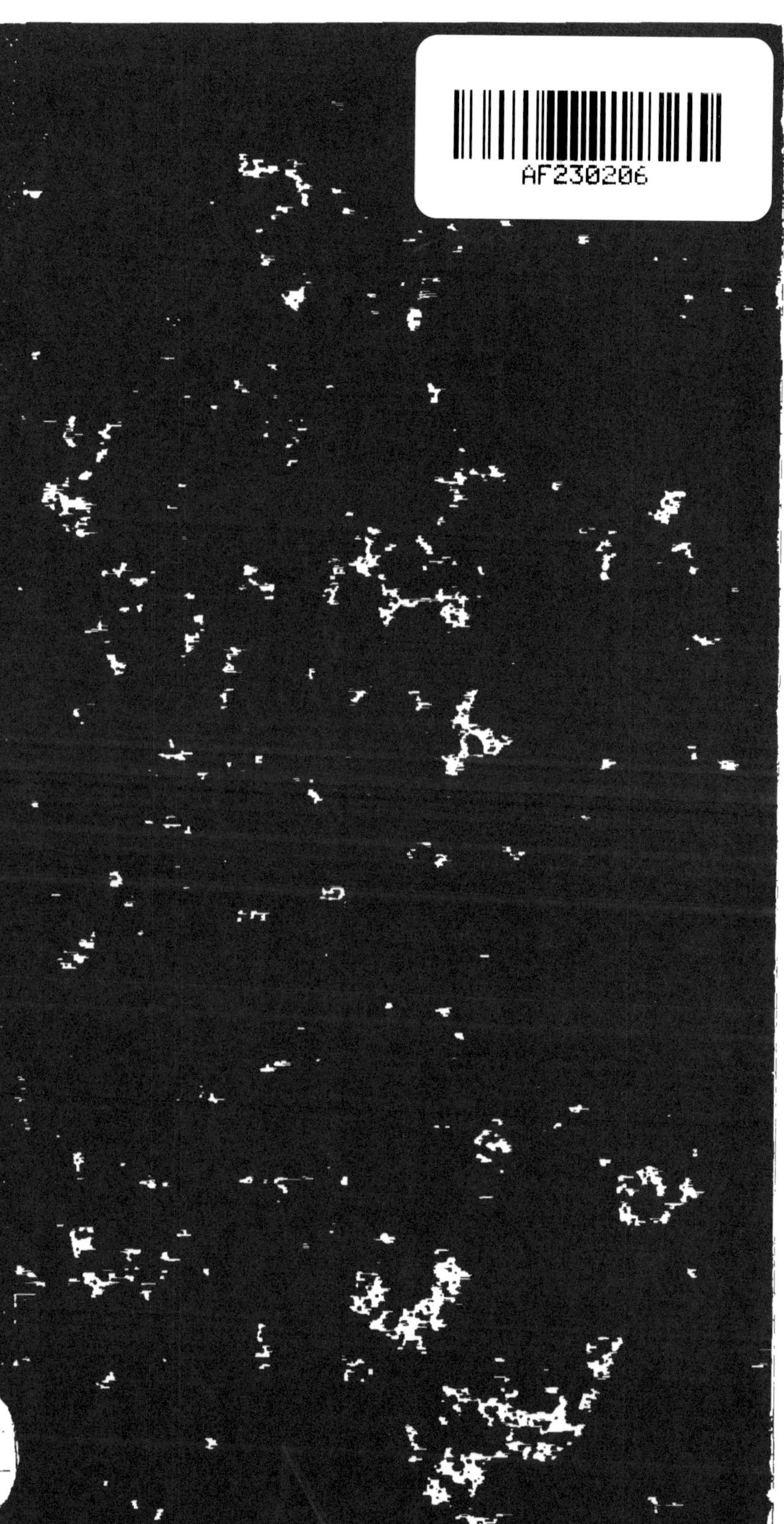

ESSAIS

SUR

LE NOUVEAU PACTE SOCIAL

DES FRANÇAIS,

ESSAIS

SUR

LE NOUVEAU PACTE SOCIAL

DES FRANÇAIS,

Par KIRGENER *, Chef de Bataillon du Génie.*

LA constitution de l'an 3 a péri au 18 fructidor, et l'anarchie qui l'a remplacée, a rompu encore une fois tous les liens sociaux qui avoient de nouveau réuni les français. La cause de cette catastrophe est dans la constitution elle-même, qui manquoit des contre-poids nécessaires pour en assurer la stabilité.

J'avois entrepris, avant la nouvelle révolution qui vient de s'opérer, une révision de

A

là constitution , article par article. Je m'étois apperçu plusieurs fois que ce travail étoit au-dessus de mes forces; mais je pourrois avoir rencontré quelques idées utiles. Je vais tâcher de les rassembler : puissent-elles, ô ma patrie! concourir avec celles des hommes de bien pour ton bonheur.

Remontons au principe même de la réunion des hommes en société, et que les leçons de l'expérience viennent éclairer les conséquences que nous en tirerons; c'est le plus sûr moyen de nous égarer le moins possible.

Sitôt que les hommes se rassemblent en corps de nations, ils établissent des conventions, sous le nom générique de *lois*, et des formes pour les faire observer, qui fixent la *constitution proprement dite*. Un peuple n'est donc véritablement constitué que lorsque ses lois sont faites et consenties par la généralité.

Il suit delà, 1° que le gouvernement ne peut exister qu'après les conventions sociales par lesquelles il doit régir l'état; 2° qu'une fois ces conventions établies, bonnes ou mauvaises, elles ne peuvent être changées que du consentement général; 3° qu'il ne peut y avoir une autorité permanente, constamment occupée à faire de nouvelles lois, et à les défaire, et qu'il est tout aussi absurde, tout aussi

(3)

dangereux d'établir, hors de l'assemblée générale des citoyens, un pouvoir qui pourroit
changer à son gré les lois de l'état, que d'en
établir un qui pourroit gouverner par sa propre
volonté ; 4° qu'il ne peut y avoir que des
commissions législatives chargées de préparer
les modifications et les extensions des lois déjà
faites ; 5° enfin que s'il est nécessaire d'établir
un pouvoir intermédiaire entre le peuple et
son gouvernement, ce pouvoir ne peut être
que le gardien de la constitution.

Quand un peuple jouissant de la plénitude
de ses droits, se donne lui-même un gouvernement, il ne peut choisir qu'entre le *monar-
chique* qui est le plus simple, et le *républicain*
qui est le plus sage. L'aristocratie est un attentat d'une portion de la nation envers l'autre,
comme le despotisme est le crime d'un seul
envers tous. Mais dans la monarchie le bien et
le mal dépendent d'un seul homme que le
destin peut donner sot, ignorant et pervers,
et dont le pouvoir immense ne peut être équi-
libré par rien. Dans la République, la pensée
du gouvernement étant pour ainsi dire divisée,
il y a plus de probabilité pour que l'intérêt
public l'emporte sur l'intérêt personnel. Si ce
gouvernement n'a point une volonté aussi
active, il l'a plus réfléchie. Or, comme dans

tous les cas ce sont les ministres qui doivent exécuter, l'essentiel est que la pensée soit bonne, et le cas extrême ne peut jamais arriver, sur-tout dans un grand état, que le gouvernement soit à la minute pour prendre un parti; cette forme n'admet d'ailleurs point de privilèges autres que ceux de la vertu et et du savoir: elle doit donc être préférée.

Il faut distinguer, dans le gouvernement, la la volonté, la force et la justice, qui n'est que l'accord des deux premiers, d'où, les gouverneurs de l'état, les ministres et le pouvoir de prononcer sur les abus de l'autorité.

C'est de ce dernier pouvoir que dépend en grande partie le problême de législation. Il est en quelque sorte la conscience de la société, et c'est pour n'en avoir pas assez senti l'importance, qu'on a trouvé tant de difficulté à établir un gouvernement qui réunît la plus grande stabilité et le plus sûr garant de la liberté publique.

Cependant dès que le gouvernement n'est plus qu'une portion du peuple, il s'établit un intérêt opposé à celui de l'état, qui nécessite la séparation des pouvoirs. Or, puisque dans les individus qui composent la société, la volonté et la force réagissent réciproquement l'une sur l'autre, et qu'il ne peut y avoir d'action produite que par le concours simultané de ces deux principes, il est impossible de vouloir qu'ils soient absolument indépendans l'un de l'autre dans les actes du gouvernement. Reste donc à établir les justes rapports et cette conscience politique qui doit les conserver.

Trois conditions essentielles dans un bon gouvernement : 1° que ni l'état, ni aucun de ses membres ne puissent être impunément opprimés ; 2° qu'aucune des autorités dont il est composé ne puisse entreprendre l'une sur l'autre ; 3° que la machine politique soit organisée de la manière la plus simple.

Cela posé, je vais présenter l'ensemble du du nouveau *contrat social* que je propose de subsistuer à toutes les constitutions que nous avons eu jusqu'ici, et rappelant ensuite les fautes que nous avons commises dans la révolution, j'y trouverai la nécessité des modifications que l'on doit apporter dans la métaphysique de la législation.

PACTE DES FRANÇAIS.

Les Français réunis de nouveau en République, se garantissent réciproquement la liberté, l'égalité, la sureté, la propriété, la la protection des foibles, la tolérance des opinions politiques et religieuses, le respect des mœurs, l'amour des vertus, et l'observance des conventions suivantes.

LOIS DE L'ÉTAT.

A rédiger,
{
Code du citoyen ou des droits politiques.
Code civil.
Code criminel.
Code de finance.
Code militaire.
}

CONSTITUTION

DE

LA RÉPUBLIQUE FRANÇAISE.

BASE.

La République Française est une et indivisible.

TITRE PREMIER.

DIVISION DU TERRITOIRE.

ART. 1er. LA France est divisée en 50 *départemens* pour l'administration générale, en 10 *arrondissemens* par rapport à la garantie sociale, en 25 *divisions militaires* et en 6 *divisions maritimes*.

2. La division actuelle des *cantons* et des *communes* est réduite à moitié.

3. Si les limites du territoire sont réculées par des circonstances extraordinaires, les portions réunies sont rattachées aux dépar-

A 4

temens limitrophes, à moins qu'elles ne soient égales aux deux tiers de l'an d'eux, auquel cas elles forment un nouveau département.

4. Il ne s'établit de nouveaux arrondissemens et de nouvelles divisions militaires que suivant des conditions semblables.

5. Les peuples réunis ne jouissent des droits de souveraineté que dix ans après leur réunion, si elle s'est faite par les suites d'une guerre, jusqu'alors ils sont gouvernés comme pays conquis, suivant les lois de l'état.

6. Si les réunions se font de gré à gré, les peuples réunis jouissent de suite des mêmes droits politiques que le reste de l'état, etc.

TITRE II (1).

ASSEMBLÉES PRIMAIRES.

Art. 1er· LE souverain est dans l'universalité des assemblées primaires; aucune d'elles ne peut donc s'en attribuer isolément les prérogatives.

2. Il y a au moins deux assemblées primaires par canton. Lorsqu'il y en a davantage, chacune est composée de quatre cent cin-

---

(1) J'ai complété ce titre autant qu'il m'a été possible, parce qu'il est un des plus importans.

quante votans au moins, et de neuf cents au plus.

3. Elles s'assemblent de plein droit tous les cinq ans, au premier germinal.

4. La loi ne reconnoît pas de scissions: l'assemblée est au lieu où elle est indiquée publiquement d'avance, par une affiche de l'administration du canton.

5. Nul ne peut voter dans les assemblées primaires s'il n'est inscrit depuis un an sur le rôle des citoyens.

6. Aucun fonctionnaire public ne peut voter dans ces assemblées.

7. Personne ne peut entrer dans le lieu des séances d'une assemblée primaire sans une carte civique. Cette carte est délivrée aux citoyens par leur administration de canton; en cas de difficultés à cet égard, le tribunal de paix prononce en dernier ressort. Un agent de police est placé à la porte, pour vérifier les cartes et l'identité de la personne qui la présente pour entrer.

8. Tout homme qui s'introduiroit dans le lieu des séances d'une assemblée primaire, au moyen d'une fausse carte civique, est coupable d'attentat envers la souveraineté du peuple.

9. Il ne peut d'après les articles précédens

s'élever aucunes réclamations au sein d'une assemblée primaire.

10. Les assemblées primaires se réunissent pour accepter ou rejeter les nouvelles lois proposées par les commissions législatives, ainsi que les changemens à la constitution proposés par ces assemblées dites alors de révision, et pour faire les élections suivantes:

1° Des membres de l'assemblée électorale.

2° Des juges de paix et de leurs assesseurs.

3° Du président de l'administration du canton ou des officiers municipaux, dans les communes au-dessus de cinq mille habitans.

11. et 12. (Voyez les articles 28 et 29 de la constitution de l'an III.)

13. Toutes les élections se font au scrutin secret et par le sort.

Un premier tour de scrutin donne un nombre triple de nominations à faire.

Les billets portent trois noms au lieu d'un Ces billets déposés dans une urne pour chaque votant, sont réduits aux deux tiers par le tirage d'un enfant de 5 à 7 ans; tous les troisièmes billets sont exclus. Le recensement fait, un second tour de scrutin réduit cette double liste au dernier résultat.

La majorité relative suffit, et en cas d'égalité, le premier sur la liste du dépouillement est préféré.

Nota. Ce mode est employé dans toutes les assemblées, primaires ou non, où il y a des nominations à faire, excepté pour le bureau qui se nomme toujours par un seul scrutin de liste, et le vote par oui et par non qui se termine de même par une seule opération.

14. Dans les vingt-quatre heures qui précèdent l'ouverture de l'assemblée primaire, chaque citoyen va déposer isolément son billet pour l'élection d'un président, d'un secrétaire et de trois scrutateurs, dans l'urne des nominations placé dans le local indiqué pour le lieu des séances.

Ce billet contient les cinq noms à la fois, le premier est pour le président, le second pour le secrétaire et les trois derniers sont pour les scrutateurs.

15. Le jour de la première séance, l'assemblée primaire s'occupe du dépouillement du scrutin pour la formation du bureau. Le plus ancien d'âge préside provisoirement, le plus jeune fait les fonctions de secrétaire.

16. Aussitôt que l'assemblée primaire est définitivement constituée, le président fait lecture des nouvelles lois proposées, et des

changemens à faire dans les anciennes ou dans la constitution. Il annonce en même temps les élections qui doivent avoir lieu. Alors la première séance est terminée et ajournée à 24 heures.

17. Dans cet intervalle de 24 heures, chaque citoyen vient déposer son scrutin pour la nomination des candidats à l'assemblée électorale, le recensement est fait dans la séance du lendemain, où la réduction par le sort se termine aussi de suite, et l'assemblée se sépare encore pour 24 heures.

18. Dans ces 24 heures nouvelles, les votans répètent la première opération; mais ils ne peuvent voter que sur les noms des candidats que le sort a conservés; le recensement définitif est fait dans la séance suivante, et le résultat est proclamé à haute voix par le président, qui demeure responsable de l'envoi du procès verbal de nomination à l'assemblée électorale.

19. Cette forme est suivie également pour les autres élections séparées en deux opérations; celle des juges de paix et de leurs assesseurs, et celle des administrations locales. Ainsi toutes les élections doivent être faites dans sept jours.

20. Les élections terminées, le président

fait donner par le secrétaire une seconde
lecture des nouvelles lois proposées, et des
changemens à la constitution, s'il y a lieu.
La séance est encore ajournée à 24 heures,
et chaque citoyen vote, suivant la forme pré-
cédente, par oui ou par non, sur l'ensemble
des changemens proposés dans l'acte constitutionnel; l'assemblée réunie de nouveau pour
le recensement, se sépare encore une fois
pour voter de la même manière sur les nouvelles lois ou la correction des anciennes.
Enfin, elle tient sa dernière séance, dans laquelle le président proclame à haute voix le
résultat des votes.

Le président est encore responsable de
l'envoi du procès verbal de cette dernière
séance, au président de l'arrondissement dans
laquelle se trouve l'assemblée primaire.

21. La tenue des assemblées primaires ne
peut se prolonger au-delà de dix jours.

22. Si par quelque cause que ce soit, les
opérations d'une assemblée primaire ne sont
pas terminées dans ces dix jours, cette assemblée perd son vote pour les objets en retard.

23. Pendant ces dix jours, le bureau seul
est en permanence, et il doit toujours y avoir
au moins deux membres dans la salle des
séances pendant les élections et les votes.

24. L'entrée des séances n'est jamais permise avant le lever et après le coucher du soleil.

25. Le président est dépositaire des clefs du lieu des séances et de celle de l'urne.

26. Un factionnaire est placé, même la nuit, à la porte et au dehors pendant toute la durée de l'assemblée primaire.

TITRE III.

ASSEMBLÉES ELECTORALES.

ART. 1er. Il y a deux assemblées électorales par département.

2. (Article 33 de la constitution de l'an III).

3. Les assemblées électorales de chaque département se réunissent séparément le 20 germinal de la même année, dans les communes les plus centrales, à l'égard des assemblées primaires, etc. (Article 36 de la constitution de l'an III.)

4, 5 et 6. (Articles 37, 38 et 39 *idem*).

7. Les assemblées électorales élisent selon qu'il y a lieu.

1° Les tribuns.

2° Les consuls.

3° Les juges des tribunaux civils, criminels et de cassation.

4° Les candidats du juré national.

8. Les assemblées électorales se constituent suivant les mêmes formes que les assemblées primaires.

9. Elles élisent, d'après le mode prescrit dans l'art. 13 du titre précédent, chacnne trois *tribuns* par une seule liste de scrutin.

10. Elles procèdent ensuite au choix d'un consul et à la nomination de trois candidats de remplacement, par une seule opération et par une seule liste.

Le consul ne peut être choisi que parmi les deux candidats qui sont conservés par les opérations combinées du scrutin et du sort dans les sections des tribuns.

11. Les juges des tribunaux civils, criminels, de cassation et le candidat au juré national, qui doit être pris parmi les citoyens des assemblées primaires, qui ont composé l'assemblée électorale, sont nommés respectivement par une opération semblable à la première.

12. Le résultat de chaque assemblée électorale est imprimé, affiché publiquement au chef-lieu du département, et envoyé à la section centrale des tribuns, etc.

TITRE IV.

TRIBUNS.

Art. 1er. Les Tribuns sont au nombre de 3oo, divisés en dix sections, siégeant séparément chacune au chef-lieu des 10 arrondissemens dans lesquels le territoire est partagé.

2. Il y a une section centrale pour la réunion des votes seulement.

3. Aucune section ne peut siéger dans la même commune que les consuls et les ministres.

4. Chaque section des tribuns est divisée encore en deux chambres, savoir: *chambre de la liberté*, et *chambre de la propriété*.

5. Les dix sections ne peuvent jamais se réunir en une seule assemblée.

6. Les tribuns sont les gardiens des lois et de la constitution, et les protecteurs des droits des citoyens.

7. Chaque section enregistre les édits généraux des consuls, qui ont pour objet des levées extraordinaires d'hommes ou d'argent, les déclarations de guerre et de paix, et les traités avec l'étranger.

8. Le refus d'enregistrer annulle l'édit des consuls.

9. Le vote de chaque section est imprimé

et

et envoyé à chacune des autres sections. Le recensement se fait dans la section centrale, et le résultat imprimé est envoyé aux consuls, aux ministres et aux départemens. Alors l'édit des consuls devient un décret qui a force de loi ; cependant l'enregistrement ne peut dans aucun cas valoir plus de cinq ans, et le décret s'éteint si l'édit n'est pas enregistré de nouveau, sur la demande formelle des consuls.

10. Chaque section des tribuns prononce encore en dernier ressort sur tous les différens des sujets avec le gouvernement, mais la question doit être délibérée d'abord dans la chambre dont elle ressort, et ne peut y parvenir que lorsque les tribunaux ordinaires se sont déclarés imcompétens.

Ces difficultés sont, 1° pour la chambre de la liberté, les arrestations arbitraires ou illégales, les attentats à la liberté des cultes et des opinions, etc. et 2° pour la chambre de la propriété, les surcharges d'impositions, les empiètemens de terrains ou les indemnités des reprises nécessaires, etc.

11. Hors les cas précisés par la présente constitution, les tribuns ne peuvent entretenir aucune correspondance.

12. Si les votes des dix sections sont partagés également en sens contraire, c'est

B

l'opinion opposée à celle de la section centrale qui prévaut.

13. Il en est de même dans chaque section à l'égard du président, en cas d'égalité , c'est l'opinion contraire à la sienne qui prévaut.

14. Les fonctions de président et de secrétaire dans chaque section, ne peuvent excéder six mois , et dans chaque chambre un mois·

15. Les votes et les élections se font en séance parmi les tribuns.

16. Les tribuns sont renouvelés dans chaque arrondissement par tiers tous les cinq ans , et ne peuvent être réélus qu'après un intervalle de cinq ans.

17. Nul ne peut être nommé tribun avant trente ans accomplis.

18. Les tribuns ne sont éligibles à aucun emploi pendant le temps de leur exercice , et ne peuvent être nommés que juges de paix après leur sortie , ou reprendre les fonctions qu'ils exerçoient avant leur tribunat.

19. Si par des circonstances extraordinaires les tribuns se trouvent réduits aux deux tiers dans l'un des arrondissemens, les consuls en sont informés , et convoquent sans délai les assemblées primaires de l'arrondissement, etc. (Art. 56. Constitution de l'an III.)

20 Au milieu des séances de chaque section,

sont déposées deux urnes, intitulées l'une des consuls, et l'autre des hauts jurés.

21. Aussitôt la réception des procès verbaux des électeurs, les tribuns réunis en une seule assemblée dans chaque section, font le recensement des voix pour la nomination du consul.

22. Le résultat obtenu dans chaque section est envoyé à la section centrale qui fait le dépouillement définitif des votes, et qui proclame le nouveau consul.

23. Immédiatement après cette opération, la liste des candidats de remplacement est réduite à trois, par un premier tour de scrutin dans chaque section , et ces trois noms sont déposés dans l'urne des consuls pendant tout le cours d'une cession.

Si tous les votes des assemblées électorales d'un même arrondissement se réunissent sur les trois mêmes têtes, la réduction par le le scrutin n'auroit plus lieu.

24. Trois mois avant la tenue des assemblées primaires, ces trois noms sont réduits à deux , par le sort, dans chaque section, et le recensement fait dans la section centrale, les noms des deux candidats conservés, reviennent aux dix arrondissemens, pour être envoyés aux premieres assemblées électorales.

25. Les noms des hauts jurés sont déposés

dans la seconde des deux urnes, pour y de-
meurer jusqu'au moment où la haute cour
devant être formée, le sort doit les réduire
à cinquante, ou pendant dix ans s'il n'arrive
aucun événement qui exige la formation d'un
d'un jury national.

TITRE V.
CONSULS.

ART. 1er. Les consuls sont au nombre de
cinq.

2. Ils sont renouvelés tous les cinq ans, par
ciquième, suivant les formes prescrites dans
le titre précédent.

3. Les consuls ne peuvent pas être pris au-
dessous de trente ans, et au-dessus de cinquante
ans accomplis.

4. S'il vient à manquer un consul avant le
terme des assemblées primaires, les dernières
assemblées électorales sont convoquées extraordinairement pour procéder de suite au
choix entre les deux candidats que donne la
réduction de l'article 24 du titre précédent,
et pour compléter la liste des trois candidats
dans chaque arrondissement.

5. Les consuls sortans ne peuvent être réélus.

6. Les consuls sont les magistrats suprêmes
du pouvoir exécutif.

7. Ils ne peuvent faire aucun acte de gouvernement qu'en majorité.

8. Les consuls administrent généralement ; ils ne connoissent aucune affaire particulière, et ne peuvent faire de nominations que celles du secrétaire général et des ministres.

9. Il n'y a point de présidence parmi les consuls, il y en a un du jour.

10. Ne peuvent être en même temps consuls de la République. (Art. 139. Contitution an III.)

Nota. La plûpart des articles de la constitution de l'an III, relatifs au directoire, peuvent s'appliquer aux consuls.

T I T R E   V I.
M I N I S T R E S.

ART. 1er. Il y a sept ministres qui sont ceux de . . . . . . (Les dénominations actuelles).

2. Les ministres ne peuvent avoir moins de trente ans accomplis. Ils ne peuvent être pris parmi les parens et alliés des consuls, aux degrés énoncés dans l'article 10 du titre précédent, et ils ne peuvent être nommés à aucun autre emploi pendant et après leur ministère.

3. La réunion des sept ministres, forme le conseil d'état. Il ne peut s'assembler que d'après une ordonnance formelle des consuls, et pour

délibérer sur les objets seulement qui lui sont indiqués par ladite ordonnance ; mais la décision du conseil d'état ne peut en aucune manière être obligatoire pour les consuls, et ne doit être regardée que comme un avis.

4. Il est établi pareillement une commission exécutive de cinq membres près chaque ministre, et à sa nomination, pour lui servir de conseil.

5. La réunion de ces commissions au conseil d'état, forme le grand conseil.

6. Les ministres ne s'occupent directement que des affaires générales de leur département. Ils confient à des chefs de divisions les affaires particulieres; cependant s'il y a réclamation contre la décision de ces chefs, le ministre, d'après l'avis de son conseil, prononce en dernier ressort.

7. Les ministres choisissent leurs chefs de division sur une liste triple de candidats présentée par les chefs de bureaux, mais ils ne peuvent destituer aucuns de leurs employés, sans les mettre en jugement.

8. Ils nomment cependant et révoquent à leur gré des commissaires généraux d'administration.

9. Hors de-là ils ne peuvent faire aucune nomination, mais ils conservent le droit

de *véto* sur toutes les promotions extraordinaires qui ne peuvent être faites que suivant le mode qui sera indiqué dans le titre VIII.

10. Les brevets et commissions sont délivrés par les ministres, au nom de la République française, et doivent toujours relater le mode de nomination, *etc.*

TITRE VII.

COMMISSIONS LÉGISLATIVES.

ART. 1er. Si le grand conseil réuni d'après l'ordonnance formelle des consuls, pour examiner la nécessité de retoucher quelques portions de la jurisprudence, prononce qu'il y a lieu à convoquer les commissions législatives, ou si la majorité des sections de tribuns établit la même nécessité, les tribuns nomment suivant le mode général de l'art 13 du titre II, deux commissions de vingt-cinq membres chacune, pour rédiger le travail proposé.

2. L'une des commissions est dite de proposition, et l'autre de révision.

3. Mais s'il s'agit de retoucher à quelques parties de la constitution, il faut que la nécessité en soit constatée par les concours des décisions des consuls, du grand conseil et des tribuns.

4. La convocation des commissions législatives se fait dans ce cas, de la même manière.

5. Les commissions législatives ne peuvent, dans aucun cas, rester assemblées plus de trois mois et ne peuvent s'occuper d'aucunes autres questions que de celles pour la solution desquelles elles ont été convoquées.

6. Aussitôt que le travail des commissions est terminé, elles sont dissoutes et les membres qui en faisoient partie, ne peuvent prétendre à la continuité de leurs fonctions.

7. Le résultat du travail de ces commissions, est envoyé aux prochaines assemblées primaires qui ne peuvent voter que sur la totalité des articles; mais si ce travail a eu pour objet des corrections à l'acte constitutionnel, les assemblées primaires sont convoquées sans délai, extraordinairement.

TITRE VIII.

ADMINISTRATION GÉNÉRALE.

Art. 1er. Chacun des cinquante départemens est régi par trois commissaires généraux respectivement nommés par les ministres de l'intérieur, des finances et de la police.

2. Il y a un commissaire général de la guerre par division militaire, et un com-

missaire général de marine par division ma-
ritime. Un commissaire général est nommé
par le ministre de la justice près les tribunaux
établis dans chaque département. Les ambas-
sadeurs sont les commissaires généraux du
ministère des relations intérieures; mais ils
sont munis de pouvoirs par les consuls, pour
représenter le gouvernement.

3. Les trois commissaires départementaires
administrent ensemble les affaires générales
du département.

4. Ces commissaires nomment six délégués
qui remplissent dans leurs arrondissemens res-
pectifs, les mêmes fonctions que celles des
commissaires du pouvoir exécutif qui sont
supprimés.

5. Ces délégués peuvent être révoqués ou
changés de résidence, à la volonté des commissaires départementaires, et ne peuvent
pas être pris parmi les parents et alliés au
degré énoncé dans l'article 10 du titre V.

6. Les commissaires départementaires ne
sont révocables que par le concours des trois
ministres qui les ont nommés.

7. Pareillement les délégués ne peuvent
être révoqués que par le concours des trois
commissaires départementaires.

8. Tous les bureaux d'administration gé-

nérale, y compris ceux des ministres, sont composés de chefs, sous-chefs et de commis.

9. Les chefs de bureaux sont choisis par les autorités immédiatement supérieures, sur une liste triple, présentée par les sous-chefs. Ceux-ci arrivent à leur emploi par ancienneté de service; enfin les commis sont à la nomination des commis employés déjà dans chaque bureau.

10. Aucun des employés désignés dans le précédent article, ne peut être privé de son état que par jugement, ou par le concours unanime de tous ses camarades, dans la même partie, *etc.*

Nota. Le reste de ce titre doit être relatif aux administrations locales, et peut facilement être extrait du titre VII de la constitution de l'an 3, en faisant les modifications qui conviennent aux nouvelles dispositions.

T I T R E I X.

J U S T I C E.

ART. 1". Elle se divise en deux classes : la justice d'état et la justice particulière.

2. La justice d'état a pour objet les attentats à la souveraineté du peuple, et ne peut considérer que les tribuns, les consuls et les mi-

nistres. La justice particuliere comprend tous les autres délits.

3. Il n'y a point de tribunaux permanens pour la justice d'état; il s'établit une haute cour de justice, quand il y a lieu, suivant les formes établies ci-dessus.

4. Il y a haute cour de justice, si les consuls ou les ministres sont accusés par la majorité absolue des tribuns, ou si les ministres le sont par les consuls, ou enfin si l'accusation des consuls, contre une ou plusieurs sections des tribuns, est admise par la majorité.

5. Hors ces cas et ceux de flagrants délits, les tribuns, les consuls et les ministres sont inviolables et irrévocables.

6, 7, 8, 9, 10, 11. (Les articles 266, 267, 268, 269, 270, et 271 de la constitution de l'an III, avec les modifications déterminées par les dispositions précédentes).

12. Aussitôt l'admission de l'acte d'accusation, les tribuns font dans chaque arrondissement le tirage au sort des dix noms déposés dans l'urne des hauts jurés, et tous les deuxièmes billets étant rejetés, les cinq conservés donnent les noms des hauts jurés que cet arrondissement doit envoyer à la haute cour de justice.

13. Il y a pour la justice particulière un

tribunal civil et un tribunal criminel par département, un juge de paix et quatre assesseurs
par réunion de cinq à six mille ames, deux
tribunaux militaires par division maritimes,
deux tribunaux de marine par divison militaire,
enfin un tribunal de cassation dans la même
commune que la section centrale des tribuns.

14. Tous les juges, excepté ceux de paix et
leurs assesseurs, sont nommés à vie, et ne
peuvent être pris que parmi les défenseurs
officieux qui ont exercé dix ans.

Etc. *Nota.* Les autres dispositions ne sont
plus que des modifications de celles contenues
dans le titre VIII de la constitution de
l'an III.

TITRE X.

FORCE ARMÉE.

ART. 1er. La force armée se divise en armée
de terre et armée de mer.

2. L'armée de terre est composée des états-
majors, du génie, de l'artillerie, des vétérans,
de la gendarmerie, de l'infanterie et de la
cavalerie.

3. Les cinq premières divisions, et le corps
d'officiers, de sergents ou de maréchaux-des-
logis des deux dernières, sont permanens.

4. Nul ne peut entrer dans ces corps s'il n'a servi au moins six mois dans l'infanterie ou la cavalerie.

Les jeunes gens admis à l'école polytechnique auront seuls la faculté de rejeter ce service nécessaire à la fin de leurs études, ou d'y satisfaire d'avance.

Les élèves des écoles militaires ne seront censés avoir rempli cette première et importante condition du citoyen, qu'autant qu'ils auront été conservés jusqu'à l'âge de seize ans, auquel cas ils pourront se présenter de suite au concours des grades militaires, sans qu'on puisse exiger d'eux aucun autre service dans les classes inférieures.

5. Le reste de l'armée est formée par la conscription des jeunes gens de 17 à 19 ans, renouvelé par tiers, tous les ans, au premier floréal.

6. Les conscrits de chaque division militaire, tirent au sort pour entrer dans l'infanterie ou la cavalerie.

7. L'artillerie se recrute par enrôlement volontaire de 4 ans, dans les autres troupes.

8. L'armée de mer se compose des états-majors, de l'artillerie de marine, de vétérans et de matelots.

9. Les trois premiers corps, les pilotes, les

maîtres d'équipages et chefs de timonnerie sont permanens.

10. Les matelots se prennent parmi les conscrits qui ont navigués, soit pour l'état, soit pour le commerce.

11. Les matelots sont partagés en trois classes; la première a une haute paye, ainsi que l'artillerie de marine, et se recrute par enrôlement volontaire de quatre ans, dans les deux autres classes qui se renouvellent par tiers tous les ans.

12. Dans le cas d'une guerre qui nécessite un plus grand emploi de troupes, on rappelle successivement les conscriptions précédentes, mais en commençant toujours par les moins anciennes.

Les hommes mariés sans enfans, un an avant la déclaration de guerre, ne peuvent être appelés qu'avec la classe qui se trouve de trois ans moins ancienne que la leur.

14. Les hommes mariés et ayant des enfans, ne peuvent jamais être rappelés.

15. A la fin d'une guerre, il ne reste que la conscription qui devroit naturellement s'y trouver cette année. Cependant il est réservé un dixième des places dans toute l'armée, pour les soldats ou matelots qui voudroient rester et qui compose la classe dès vétérans.

16. L'organisation particulière de chaque arme composant la force publique, appartient essentiellement aux consuls.

17. Les emplois militaires sont divisés en trois degrés; emplois subalternes, emplois supérieurs et emplois généraux.

18. On ne peut arriver d'un degré à l'autre, que par un concours sur les objets déterminés par le ministre de la guerre. Ce concours est jugé par une commission de cinq, prise à tour de rôle dans le degré où se trouve l'emploi vacant.

19. L'avancement se fait, dans chaque degré, par ancienneté pour les deux tiers, et par le choix de l'emploi supérieur pour l'autre tiers.

Ceux qui ayant atteint le dernier emploi d'un degré, n'auront pu s'élever dans le supérieur, l'obtiendront néanmoins à titre de récompense pour leur retraite.

Nota. Les commissaires ordonnateurs et les commissaires ordinaires des guerres ou de la marine, devant être assimilés à des grades militaires, la même loi leur est applicable entr'eux.

En temps de guerre, il est formé près les ministres de la guerre et de la marine, suivant qu'il y a lieu, un conseil de défense de cinq membres, dont quatre sont pris parmi les généraux ou amiraux des différents ordres ou des différentes armes, et un parmi les commissaires généraux de la guerre ou de la marine.

21. Ce conseil est à la nomination du conseil d'état et ne peut être renouvelé que sur l'ordonnance formelle des consuls.

22. Le conseil de défense est chargé de toutes les opérations de la guerre ; il nomme, sous le *véto* des ministres, les généraux et amiraux en chef, et tous les premiers emplois des deux degrés supérieurs.

23. Les premiers emplois des subalternes, se donnent par chaque chef de corps, excepté pour ceux de ces emplois qui supposent des études préliminaires à l'école polytechnique.

24. Les tiers des emplois qui étoient réservés au choix dans chaque degré, est attribué, pendant le cours de la guerre, aux généraux ou amiraux commandans les divisions des armées. Ces derniers sont à la nomination des généraux en chef.

25. Les généraux ou amiraux en chef choisissent encore leurs lieutenans, et ce sont les seules promotions extraordinaires à l'égard desquelles les ministres de la guerre et de marine ne puissent user de leur *véto*.

Les différentes portions de la force publique ne peuvent faire aucun mouvement dans l'intérieur

térieur de la République en temps de paix,
et hors de l'arrondissement d'une armée en
temps de guerre, que sur un ordre spécial
du ministre de la guerre ou de la marine.

27. Aucune partie de la même force publique, excepté la gendarmerie nationale, ne
peut être définitivement employée dans les
troubles intérieurs, sans une décision du grand
conseil, convoqué par ordonnance des consuls.
Provisoirement la force publique doit obtem-
pérer aux réquisitions d'urgence, faites par
les commissaires généraux des départemens et
les administrations locales.

28. L'ordonnance des consuls, à cet égard,
doit être enregistrée dans le mois par les
tribuns, qui ne pourroient refuser que dans
le cas d'un attentat manifeste à la liberté de
l'état ; seul cas où la désobéissance est im-
posée aux soldats et à tous les chefs militaires.

29. La gendarmerie nationale est chargée
particulièrement de la sureté publique, sur
la direction immédiate des commissions départementaires.

30. Nul ne peut être reçu gendarme avant
d'avoir satisfait à la loi de la conscription.

Etc.

TITRE XI.

INSTITUTIONS PUBLIQUES.

Art. Ier. Les institutions publiques sont de trois espèces : les écoles pour l'instruction de la jeunesse, les secours qu'on doit aux infortunés et aux services publiques, et les fêtes nationales.

2 Il y a deux écoles primaires, l'une de filles, l'autre de garçons, par arrondissement de mille ames, et une école centrale par département.

3. On enseigne dans les écoles primaires à lire, à écrire, à compter, et les devoirs des citoyens.

4. Les écoles centrales enseignent les principes de toutes les sciences importantes pour la civilisation, le commerce et les arts.

5. Les instituteurs et institutrices des écoles primaires sont nommés par les administrations locales.

6. Les professeurs des écoles centrales sont nommés par les commissaires départementaires, sur une liste triple de candidats, présentée par l'assemblée des professeurs déjà nommés.

7. L'école polytechnique est conservée à Paris, pour toutes les classes des travaux publics.

8. Il y a trois places par départemens, l'instruction est de deux ans, et les élèves n'y sont
admis que par concours.

Le concours se fait dans chaque département,
devant les professeurs des écoles centrales, qui
nomment un jury d'examen pour prononcer
entre les sujets.

9. Les professeurs de l'école polytechnique
sont nommés, par le ministre de l'intérieur,
sur une liste triple de candidats, présentée par
les professeurs déjà en exercice.

10. Il y a encore une école militaire pour
recevoir les enfans des défenseurs de la patrie.

11. Les deux tiers des places sont réservés
pour les enfans de soldats, et l'autre tiers
pour ceux des officiers.

12 Les seuls enfans qui puissent être reçus
dans ces maisons d'instruction, sont ceux des
militaires morts ou estropiés à la guerre, et
des militaires ayant vingt-quatre ans de service,
mais dans tous les cas il ne doit y être admis
que des enfans au-dessous de 14 ans, et de
militaires pauvres.

13. L'état-major de la division juge, sauf
la révision du ministre de la guerre, les individus qui ont les premiers droits à ce secours.

14. On enseigne dans ces écoles, outre ce
qui s'apprend dans les écoles primaires, les

élémens des mathématiques , la physique et les premiers élémens de la guerre.

15. Les professeurs et instituteurs sont nommés par le ministre de la guerre dans la forme des articles 6 et 9.

16. Les écoles établies à Paris pour les arts dramatiques , sont conservées suivant leur organisation actuelle.

17. Enfin , pour le complément de l'instruction publique, l'institut national des arts et des sciences, est conservé tel qu'il existe déjà.

18. On enseigne dans toutes les écoles publiques les principes de morale républicaine ; mais la constitution interdit aux professeurs l'enseignement de toute espèce de culte. La République conserve aux pères et mères la faculté d'instruire leurs enfans dans leur croyance.

19. A compter de l'année XL*. de la République , nul ne pourra occuper un emploi quelconque au compte de l'état , s'il n'a reçu sa première instruction dans les écoles primaires.

20. Tous les citoyens conservent la faculté de se réunir en sociétés des arts , sciences et métiers, sous les conditions suivantes , nécessaires au bon ordre.

1° Que ces sociétés ne soient pas composées de plus de cent vingt personnes.

2° Qu'elles ne puissent jamais s'occuper d'autre affaire personnelle que du choix de leurs membres.

3° Que le tableau de ses membres soit envoyé tous les ans au ministre de la police, et que dans tous les cas, les autorités constituées aient le droit de compulser les registres des délibérations.

4° Qu'elles ne puissent jamais inviter à la désobéissance aux lois établies.

5° Qu'elles puissent toujours être fermées provisoirement par ordré du ministre de la police, sauf à elles de faire valoir leurs réclamations pardevant les tribuns dans l'arrondissement desquels elles se trouvent.

21. Tous les citoyens conservent encore la faculté de se réunir en tel nombre qu'il leur plaît, sous la surveillance des autorités constituées, pour exercer leurs cultes.

22. Tout citoyen peut concourir, par ses propres facultés, à l'instruction publique, en établissant des maisons particulières d'éducation, toujours sous la surveillance des autorités constituées.

23. Enfin la liberté de la presse est aussi un moyen d'instruction publique ; mais cette liberté

ne doit pas être confondue avec la licence dont elle est distinguée par les conditions suivantes.

1° Qu'elle ne peut avoir pour but la désobéissance aux lois existantes.

2° Qu'elle ne doit pas être contraire aux bonnes mœurs.

3° Qu'elle peut attaquer les opérations des fonctionnaires publics, mais jamais leurs personnes.

4° Qu'elle peut accuser, mais jamais calomnier par des injures, des bruits vagues, de perfides plaisanteries, de fausses interprétations, et d'astucieuses réflexions.

5° Qu'elle doit être suspendue si elle ne se renferme pas dans ses véritables attributions, sauf le prononcé définitif des tribuns.

24. Les institutions pour les secours publics sont les asiles ouverts aux enfans trouvés, et les retraites des infirmes et des invalides.

Etc.

Les fêtes nationales sont celles de la souveraineté du peuple, de la République, de la paix (qui est toujours suspendue pendant la guerre), de la victoire, de la jeunesse, des époux, de la vieillesse, du panthéon, de l'agriculture, des arts, du commerce, des étrangers et les décades.

TITRE XII.

FINANCES.

TITRE XIII.

RELATIONS EXTÉRIEURES.

Les titres XI et XII de la constitution de l'an III, à modifier suivant les dispositions précédentes.

Nota. Dans le titre des finances, il faut comprendre un mode général de retraites, et fixer même celles des consuls, des ministres et des tribuns, après trente ans d'exercice.

Les emplois des administrations militaires doivent être les retraites des officiers et des soldats distingués; c'est un grand moyen d'économie pour l'état, et une garantie de fidélité dans la gestion.

Fin du pacte social.

ON voit qu'en général j'ai plutôt cherché à perfectionner le système déjà établi, qu'à créer des choses absolument neuves. Je crois que c'est le seul moyen d'arriver au plus haut degré d'utilité. Ainsi, la première faute que nous ayons commise en révolution, a été de ne jamais profiter des expériences précédentes, et de vouloir toujours bâtir sur de nouveaux frais. Que diroit-on d'un architecte qui jetteroit bas sa maison avant d'en avoir une pour se loger ?

Cependant la plus grande erreur dans laquelle nous soyons tombés, a encore été de croire qu'une constitution pouvoit subsister sans que les conventions sociales fussent établies. Tous les gouvernemens, quels qu'ils soient, ne peuvent régir l'état que par des lois préexistantes, ou bien ils ne peuvent être que révolutionnaires et despotiques.

La trop grande mobilité des rouages étoit aussi un vice de toutes nos constitutions ; à peine un homme avoit-il le temps de s'asseoir à sa place, avant de la quitter. La crainte de l'aristocratie a fait redouter d'étendre trop la durée des fonctions publiques ; pour éviter un excès, on est tombé dans un plus grand, celui de n'avoir jamais un homme capable de remplir son emploi, et la constitution a donné elle-même au gouvernement l'exemple destructeur de l'instabilité des places, plus funeste encore que leur vénalité ; entre deux écueils, ne peut-on marcher sans s'abîmer ?

Mais si nous appelons le sort dans toutes

les nominations à faire, si les décisions du destin viennent détruire tout ce que les hommes peuvent mettre d'intrigue, de cabale et d'égoïsme dans leurs choix, il n'y a plus le même danger à prolonger la durée des fonctions des hommes en place : il n'y a plus rien à craindre non plus pour le retour de l'hérédité; et si le sort est lui-même modifié par des opérations raisonnées, il ne peut introduire aucun sujet déplacé, et devient pour ainsi dire le régulateur des passions humaines.

La distribution des emplois et des grâces, laissée au pouvoir exécutif, étoit un des plus grands abus de l'ancien régime : la révolution qui devoit le corriger, n'a fait que l'accroître; tous les gouvernans ont disposé à leur gré et à leur profit, de la feuille des bénéfices; on les a vus constamment préférer, non pas les hommes les plus utiles et les plus méritans, mais ceux qu'ils vouloient s'attacher, ou dont ils vouloient acheter la faveur.

Par une suite de cet abus, un fat dont tout le mérite étoit d'avoir de l'impertinence, un jargon ridicule, et une perruque à la titus, obtenoit encore n'aguères un emploi qui étoit dû à un homme d'un mérite réel, mais qui n'étoit pas le fils de tel ou tel homme en crédit.

Ah! si nous voulions des priviléges, il fal-
loit conserver ceux de l'ancien régime, ils
étoient au moins soutenus du prestige des
peuples, et consacrés par des siècles d'exis-
tance; mais si nous avons voulu perfectionner
la civilisation, si la révolution n'est point un
jeu cruel du destin, pour mettre d'autres
abus à la place des premiers; si les souf-
frances du peuple, si le sang des soldats, si
les trésors de la France ne sont pas de vains
sacrifices, ne respectons plus que les services
personnels, les vertus publiques, et brisons,
brisons à jamais l'autel des préjugés et des
préventions!

Nul ne doit obtenir un emploi, parce qu'il
est fils d'un homme distingué, s'il n'est distingué lui-même par son propre mérite.
L'état doit tout aux hommes qui ont rendu
des services, et rien à leur famille, excepté
deux cas uniques. La mort aux champs d'hon-
neur pour le militaire, et l'assassinat pour
le fonctionnaire public. Toute déviation à
ces principes, ne mène qu'à des abus : le fils
d'un honnête homme peut être un frippon,
celui d'un savant, un sot, et celui du plus
vertueux, un pervers.

Voilà les raisons principales des dispositions
par lesquelles j'ai attribué à la constitution

même, la distribution des emplois et des pensions de retraite.

Il est utile de combattre une opinion qui semble se propager sur l'avantage du nombre de trois consuls au lieu de cinq, et qui se fonde sur une erreur de calcul par laquelle on conclut que la majorité est plus forte contre la minorité, dans le premier nombre, que dans le second.

D'abord, il faut observer que chaque membre du consulat ne doit pas être compté comme une unité mathématique. Un peut valoir dix dans ce cas; et la minorité ne peut entreprendre contre la majorité, que parce-qu'elle a une force réelle, plus grande à moindre nombre. Or, voilà maintenant le calcul réduit à sa juste valeur.

Supposons à l'usurpateur des moyens comme deux, et à chacun des autres des moyens comme un, dans le consulat de trois, il n'y a plus équilibre, parce que celui dont les forces sont réunies et agissent dans la même direction, conserve toute sa puissance, tandis que les deux autres ont des parties de forces qui se détruisent. Mais dans le consulat de cinq le même calcul donne deux de différence en faveur des quatre autres. Si l'on suppose maintenant que l'usurpateur a un auxiliaire, il y a

encore sensiblement équilibre dans le consulat
de cinq, et dans celui de trois il y a déjà un
excès de forces comme deux pour le premier.

Il faut ajouter à ces comparaisons, que si
un renverse les deux autres dans le consulat
de trois, l'acte d'usurpation est consommé ;
au lieu que si deux conspirent contre trois
dans le consulat de cinq, ils restent encore
deux à se mesurer, et pendant ce temps les
autorités instituées à cet effet, ont le temps
de parer au mal.

On doit conclure dé-là qu'il faut toujours
infiniment se défier des abstractions en politique, et sur-tout de l'application des nombres
qui sont les moindres données des problèmes
de législation.

On doit encore en conclure que c'est au-
dehors du consulat qu'il faut établir le régulateur. C'est la condition fondamentale que
nous avons cherché à remplir par l'institution
des tribuns auxquels nous n'avons donné qu'une
force d'inertie, parce qu'ils ne doivent agir
que pour conserver.

Il est une autre erreur non moins importante
à détruire, la prétendue nécessité d'une loi
d'ostracisme.

La révolution a prouvé par de nombreux
exemples qu'un homme parviendroit diffici-

lement en France à conserver long-temps un pouvoir qu'il ne tiendroit pas des lois. Quoi qu'il en soit, croit-on qu'un homme assez puissant pour devenir redoutable à la liberté publique, se laissât complaisamment exiler, ou simplement déplacer de quelque manière que ce fût? Non..... on ne chasse jamais le plus fort tant qu'il conserve sa puissance, et il cesse d'être à craindre s'il la perd. Les exemples de la Grèce ne sont point en faveur de l'ostracisme; ils prouvent au contraire qu'elle n'a jamais atteint que les hommes assez vertueux pour ne pas résister même aux injustices. Toute loi d'ostracisme est donc une absurdité, sur-tout dans un grand état, et il est plus prudent d'établir une constitution qui s'oppose d'elle-même aux usurpations, et qui ne laisse à aucun homme assez de pouvoir pour en acquérir davantage.

Que si un peuple est foible au point de laisser violer une constitution qui offriroit toute la garantie possible, il n'est pas digne de la liberté, et l'ostracisme ou toute loi pareille ne feroit que l'agiter davantage sans lui devenir plus utile.

Voilà, pour le dire en passant, le véritable sens de la résistance à l'oppression que la constitution de 1791 avoit consacrée.

Enfin, je dois encore justifier les soins que j'ai apportés dans les dispositions relatives aux assemblées primaires. On a quelquefois discuté la question de les supprimer, parce qu'on leur a attribué le mal qu'elles n'ont fait que par la funeste influence des gouvernans, ou parce qu'on n'a pas voulu se donner la peine de réfléchir aux moyens de régulariser leurs opérations, ou parce qu'on a été effrayé d'une censure publique, dont rien ne peut et ne doit absoudre.

Tous les désordres commis dans les assemblées primaires, sont l'ouvrage des partis et des réactions, qui ont tour à tour déshonoré la révolution ; elles ont été les premières victimes des attentats de leurs délégués, et cependant ce sont elles seules qui ont rendu toutes les usurpations impossibles pour un long terme, parce qu'il restoit toujours impossible de les gagner : un intriguant peut bien corrompre quelques individus, mais jamais la masse des citoyens. Qu'on laisse donc ces assemblées à elles-mêmes, organisées comme je l'ai proposé ; il est impossible qu'elles abusent de la liberté et qu'elles ne donnent pas de bons choix.

Législateurs, gardez-vous de vous croire supérieurs à la majorité de la nation ; si vous

osez dire une fois le peuple ne sait pas distinguer ce qui lui est utile, et nous seuls avons
cette connoissance, vous n'êtes déjà plus que
des tyrans; ou donnez-lui plutôt un maître,
et rampans vous-mêmes au nombre de ses
premiers esclaves, reprenez honteusement des
fers que vous maudirez bientôt.

Ah! gardez-vous sur-tout, législateurs, de
lier le sort de la nouvelle constitution à
l'existence de tels ou tels hommes! fussent-ils
des anges, eussent-ils les perfections de la
divinité, ils sont hélas! comme le reste des
mortels, soumis à la faux du temps! demain
peut-être ils ne seront plus, et l'édifice que
vous allez élever doit exister jusques dans les
siècles à venir.

O liberté! n'abandonne pas le sol fertile qui
qui t'a vu naître; éclaire les vrais amis de la
patrie, ils peuvent encore te rendre tes beaux
jours. Les fiers enfans de la guerre marchent
serrés sous tes étendards; ils redresseront tes
autels renversées par des profanes; ils arra-
cheront ta dépouille mortelle des mains des
barbares, et ton image, sans cesse accompagnée
de la bénédiction des peuples, reposera en
paix dans le temple de ta gloire.

CONCLUSION.

IL suit des dispositions générales énoncées précédemment,

1° Que la nouvelle constitution et les lois dont elle doit être la conservatrice, doivent être présentées à la sanction du peuple en même temps.

2° Que la mise en activité doit se faire par le corps législatif réduit par lui-même à trois cents membres composans - les dix sections des tribuns.

3° Qu'avant de se séparer dans les arrondissemens qui lui sont attribués, il doit encore nommer pour cette fois ci seulement les consuls, suivant la forme indiquée à l'égard des directeurs dans la constitution de l'an III, hors la condition de l'âge qui seroit contradictoire.

4° Que toutes les autres parties du gouvernement peuvent être facilement organisées de suite, d'après cette nouvelle constitution.

5° Enfin que s'il est plus pressant encore de mettre une constitution à la place de rien, que d'attendre la confection des différens codes qui doivent lui servir de bases, il faut que les consuls gouvernent provisoirement par les lois existantes, tout incohérentes qu'elles sont,

sont, et que les commissions législatives soient prorogées jusqu'à la fin de ce travail précieux, sauf à réserver cinquante places dans les trois cents tribuns, pour les membres actuels de ces commissions, qui seront nécessairement les moins disposés aux innovations.

F I N.

A B E S A N Ç O N,

De l'Imprimerie de JEAN-FRANÇOIS DACLIN,

An VIIIe de la République.